COZINHA PRÁTICA
VEGETARIANA

COZINHA PRÁTICA

VEGETARIANA

Editor
Cristian Muniz

Coordenação Pedagógica e Editorial
Geovana Muniz

Capa, Projeto Gráfico e Editoração Eletrônica
WK Editorial

Dados Internacionais de Catalogação na Publicação (CIP)
(Câmara Brasileira do Livro, SP, Brasil)

Cozinha prática : vegetais / [editor Cristian Muniz]. -- São Paulo : PAE Editora, 2022.

1. Alimentos vegetarianos 2. Culinária vegetariana 3. Receitas I. Muniz, Cristian.

14-06815   CDD-641.5636

Índices para catálogo sistemático:
1. Receitas : Culinária vegetariana : Economia
641.5636

Impresso na China

Todos os direitos desta edição reservados à
PAE Editora
Rua Saguairu, 274
012514-000 – São Paulo – SP
Tel: 11 3222-9015
www.pae.com.br

Sumário

6	Introdução
7	Tipos de molhos
8	Ingredientes
10	Como cozinhar legumes
12	Almôndegas de soja
13	Arroz com Requeijão
14	Assado de Glúten
15	Assado de Amêndoas
16	Assado de Soja com Palmito
17	Berinjela à Provençal
18	Bife de Lentilha
19	Bolinho de Batata
20	Bolo de Tomate
21	Bolo de Milho
22	Charutinho de Repolho
23	Cogumelos à Parmegiana
24	Couve-flor com Queijo
25	Espinafre com Ovos
26	Farofa de Talos
27	Feijão de Soja
28	Hambúrguer de Berinjela
29	Hambúrguer de Lentilha
30	Macarrão com Brócolis
31	Pão de Azeitona
32	Quibe Vegetariano
33	Refogado Vegetariano
34	Sopa de Cebola
35	Sopa de Milho
36	Sopa Fria de Pepino
37	Sopa Verde
38	Suflê de Cenoura
39	Torta de Batata
40	Assado de Triguilho
41	Maionese de Abacate
42	Torta de Milho Verde e Cenoura
43	Maionese de Amêndoas
44	Patê de Cenoura
45	Catupiry Vegetal
46	Cuscuz Vegetariano
47	Hambúrguer de Aveia
48	Patê de Grão de Bico
49	Bolo de Tomate e Cebola
50	Sopa de Lentilha e Quinoa
51	Berinjela ao Forno
52	Quiche de Abobrinha
53	Rissois de Tofu
54	Croquetes de Espinafres
55	Almôndegas de Cenoura
56	Farofa de Casca de Banana
57	Fricassé de Legumes
58	Pizza de Espinafre
59	Tomate Assado
60	Abobrinha na Grelha
61	Brócolis ao Molho
62	Tomates Recheados
63	Equivalência de Pesos e Medidas

Introdução

Vegetais na alimentação

Os vegetais devem ser consumidos em nossa alimentação diária. Com eles podemos ter tudo o que o organismo precisa para se nutrir: proteínas, carboidratos, lipídios, vitaminas e sais minerais.

Fontes e proteínas

As leguminosas são uma das principais fontes de proteínas vegetais. O feijão, a soja, a ervilha e o grão-de-bico são muito ricos em proteínas. As proteínas são indispensáveis ao crescimento e à reparação dos órgãos. Por isso, elas são consideradas alimentos plásticos ou estruturais.

Fontes de carboidratos

Carboidratos são alimentos que fornecem energia para o funcionamento do organismo. Por isso, eles são chamados de alimentos energéticos. O amido, a sacarose, a glicose e a frutose são tipos de carboidratos.

Amido - é encontrado na batatinha, na mandioca, nos grãos de milho, trigo e arroz, entre outras fontes.

Sacarose - extraída da cana-de-açúcar, é o açúcar que usamos para adoçar sucos, café, etc.

Tipos de molhos

Molho de Manteiga e Limão

Em um jarro refratário, coloque 2 colheres (sopa) de manteiga ou margarina. Cubra com papel absorvente e aqueça na potência alta (100%) por 45 segundos/1 minuto. Junte 1 colher (sopa) de sumo de limão, 1 colher (sopa) de salsa picada, ½ colher (chá) de sal e 1 pitada de pimenta-de-caiena. Rende cerca de 1/3 xícara (chá). 90 calorias por colher (sopa).

Molho de Ervas Finas

Prepare o molho de manteiga e limão (ao lado), substituindo o sumo de limão por 3 colheres (sopa) de vinho branco seco; junte 2 colheres (sopa) de cebolinha verde picada e 1 colher (chá) de funcho picado. Rende cerca de 1/3 xícara (chá). 95 calorias por colher (sopa).

Molho de Mostarda e Cebolinha

Em uma tigela refratária grande, coloque 2 colheres (sopa) de manteiga ou margarina. Cubra com papel absorvente e aqueça na potência alta (100%) por 45 segundos-1 minuto. Junte 4 colheres (sopa) de farinha de trigo; misture.

Molho para legumes cozidos

Para incrementar o legume cozido e dar aquele gostinho o segredo é um molho para incrementá-lo. Prepare o molho com 400ml de água, duas colheres (sopa) de leite em pó desnatado, 100g de queijo branco ou cottage, 100g de brócolis cozidos e sal a gosto. Bata todos os ingredientes no liquidificador e depois refogue com uma colher (chá) de azeite e cebola picadinha. Caso seu molho fique um pouco ralo, volte a mistura para o liquidificador e bata novamente, acrescentando meia batata inglesa (média) cozida.

Molho Quente para Legumes

½ xícara (chá) de manteiga ou margarina - 2 colheres (sopa) de cebola picada - 1/2 xícara (chá) de água - 3 gemas, sumo de ½ limão - salsa picada - sal - pimenta. Refogue a cebola com a manteiga, regue com a água e deixe ferver até quase evaporar. Bata as gemas com o sumo de limão e tempere com sal e pimenta. Junte a cebola ainda quente, o sal e mexa bem. Regue sobre legumes cozidos.

Ingredientes

Vegetais

Os vegetais são capazes de sintetizar proteínas de fontes inorgânicas de nitrogênio, mas os animais não possuem essa capacidade, razão pela qual necessitam de alimentos ricos em proteínas e aminoácidos.

Beterraba

Batata

Couve-Flor

Pimentão

Abóbora

Abobrinha

Vagem

Ervilha

Cebola

Como cozinhar legumes

Use pouca água no cozimento de legumes (e caules de verduras), para que não seja necessário escorrer parte dela, após cozidos.

Quem joga água fora, joga nutrientes junto! Quando cozinhamos os alimentos, já perdemos nutrientes nesse processo, dizem os estudiosos.

Assim, evite perder ainda mais, mudando a forma de cozinhar os legumes. Para isso, cozinhe-os com menos quantidade de água (ou com nenhuma), sejam eles legumes refogados com temperos ou, simplesmente, apenas cozidos. Você poderá optar por cozinhá-los no vapor (há recepientes específicos para isso) ou faça como exposto abaixo, caso vá utilizar o processo tradicional, em panela comum, no fogão:

1. Lave bem legumes e (e/ou caules de verduras) com sabão, enxague-os em uma bacia plástica ou similar deixe-os de molho em água, acrescida de vinagre claro (uma colher de sopa de vinagre para cada litro de água), por cerca de 15 a 30 minutos, para que fiquem bem higienizados (etapa opcional, mas importante).

2. Após esse tempo, escorra a água com vinagre e passe-os em água corrente.

3. Descasque-os, se quiser (se para sua receita você puder aproveitar as cascas será melhor, pois além de ficarem mais firmes, serão aproveitados os nutrientes contidos nas cascas).

4. Corte-os ou manipule-os de acordo com sua preferência, deixando-os do tamanho e forma que lhe convier.

5) Se quiser refogá-los (com algum tipo de óleo e temperos, a seu gosto), faça como de costume e, após refogados, coloque neles apenas a quantidade de água suficiente para que, terminado o cozimento, a água tenha se secado.

6. Cozinhe os legumes e verduras "al dente", ou seja, cozidos, porém firmes, pois após esse tempo eles ficam "empapados" e feios, perdendo inclusive as cores.

Faça da seguinte forma:

Coloque pouca água quente e, à medida que o cozimento for acontecendo, vá "colocando" um pouquinho mais de água quente, tomando o cuidado de verificar, antes, com um garfo ou com os próprios dentes em que "ponto" do cozimento o legume se encontra.

b) Sempre deixe, sobre o fogão, um recipiente com água quente.

c) Nunca cozinhe os legumes ou verduras em fogo alto. Prefira fogo médio e depois da primeira fervura, ponha fogo baixo, mantendo a panela quase que totalmente tampada.

d) Caso você verifique que o "ponto" de cozimento daquele legume está próximo de ser atingido, mas restando, ainda, dentro da panela, um volume de água superior ao necessário, faça o restante do cozimento em fogo um pouco mais alto e com a panela destampada.

e) Alguns legumes, tais como chuchu ou abobrinhas, por conterem muita água em sua composição, praticamente não precisarão de água extra para o cozimento, não importa a sua forma de preparo.

f) Essa dica vale, inclusive, para o cozimento daqueles legumes que você quiser empregar em saladas, tais como couve-flor, brócolis, cenouras, etc.

Atenção: Legumes cozinham bem rápido (claro que dependendo, também, da quantidadde), entre 3 e 8 minutos, após ferverem. Por isso, fique por perto!

Para obter legumes ou verduras mais verdinhos durante o cozimento, coloque uma 1 colher (café) rasa, de sal e 1 colher (café) rasa, de açúcar, enquanto cozinham (medidas para cerca de 2 copos de água - adeque à quantidade de água que for usar).

Como já dito, não os deixe cozinhar demais, para não ficarem amarelados (deixe-os "al dente", ou seja, cozidos, porém firmes).

Deixe para colocar o resto do sal necessário (a gosto), após estarem prontos.

OBS: Evite usar bicarbonato de sódio para este fim, pois não se sabe se, com isso, pode-se perder nutrientes.

Ingredientes

- 1 xícara de massa de soja
- 1 xícara de tomate picado
- Cebola, sal, alho e cheiro-verde picado
- 1 colher (sopa) rasa de margarina
- 1 ovo
- 3 colheres (sopa) de queijo ralado

Almôndegas de soja

1. Refogue, em óleo, todos os temperos e os tomates.
2. Junte a massa de soja a margarina.
3. Deixe esfriar um pouco e acrescente o ovo inteiro.
4. Misture e dê o ponto com um pouco de farinha de trigo.
5. Faça as almôndegas e deixe cozinhá-las em molho de tomate; também pode ser fritas em óleo quente.

Tempo de preparo

30 min

Rendimento

10 porções

Ingredientes

- 2 xícaras de arroz cozido
- 1/2 pimentão verde, picado
- 1/4 de xícara de salsão picado
- 1 cebola picada
- 3 colheres (sopa) de óleo
- 2 colheres (sopa) de molho japonês (Shoyu)
- 1/2 xícara de requeijão
- 1/4 xícara de nozes picadinhas
- 2 ovos batidos
- Sal

Arroz com Requeijão

1. Refoque a cebola com o salsão no óleo.
2. Junte o molho japonês.
3. Retire do fogo e acrescente os demais ingredientes.
4. Asse em forma untada por 45 minutos.
5. Salpique queijo ralado por cima.

Tempo de preparo

30 min

Rendimento

4 porções

Ingredientes

- 2 xícaras de glúten cozido
- 1/2 xícara de castanhas-do-pará
- 2 ovos batidos
- 2 ovos cozidos, picados
- 1 cebola grande
- 2 colheres (sopa) de massa de tomate
- 2 colheres (sopa) de óleo
- Cheiro-verde
- 1 folha de louro

Assado de Glúten

1. Moa o glúten com as castanhas e a cebola.
2. Junte os demais ingredientes e a folha de louro quebradinha.
3. Coloque sal à vontade.
4. Coloque em uma forma untada um pouco de molho em que você cozinhou as fatias de glúten. Na falta dele, então um pouco de molho japonês.
5. Nessa forma coloque toda a mistura e, sobre essa, um pouco mais de molho.
6. Forno moderado por 1 hora.
7. Ao retirar do forno, se tiver mais molho, acrescente sobre o assado.

Tempo de preparo

30 min

Rendimento

10 porções

Ingredientes

- 4 cebolas
- 5 tomates
- 2 cenouras médias raladas
- 3 fatias de pão integral esfarelados
- 1/2 xícara de suco de legumes
- 100 g de amêndoas moídas
- 100 g de castanhas de caju moídas

Assado de Amêndoas

1. Refogue as cebolas na panela por 5 minutos.

2. Junte os tomates, cenoura ralada, farelo de pão, suco de legumes e cozinhe por 15 minutos.

3. Junte as castanhas e amêndoas e despeje em uma forma de pão.

4. Asse a 200 graus centígrados por 30 minutos.

Tempo de preparo

50 min

Rendimento

4 porções

Ingredientes

- 2 copos de feijão-soja cozido
- 1 copo de batata cozida e picada em cubinhos
- 1 vidro de palmito picadinho e escorrido
- 2 colheres (sopa) de pimentão picado
- 2 colheres (sopa) de óleo
- Alho
- 1 copo de tomate picado ou molho de tomate
- 1 gema
- 2 claras em neve
- 1 gema para pincelar
- 1/4 copo de farinha de rosca
- Sal

Assado de Soja com Palmito

1. Passe o feijão-soja e o pimentão no multi-processador ou liquidificador e misture com as batatas.
2. Junte os temperos.
3. Misture os demais ingredientes e por último as claras em neve.
4. Coloque em forma untada com óleo e salpicada com farinha de rosca.
5. Pincele todo o assado com a gema batida e misturada com um pouquinho de óleo.
6. Asse em forno moderado até dourar e ficar firme.

Tempo de preparo

30 min

Rendimento

10 porções

Ingredientes

- 1 kg de berinjela
- 2 dentes de alho picadinhos
- 2 1/2 colheres (sopa) de suco de limão
- 1 colher (sopa) de azeite
- 2 colheres (sopa) de salsinha picada
- Sal a gosto

Berinjela à Provençal

1. Aqueça o forno a 180°.
2. Arrume as berinjelas em uma assadeira, em uma só camada, e leve-as ao forno para assar por 35 a 40 minutos.
3. Retire-as, deixe-as esfriar e retire suas cascas.
4. Corte-as ao meio pelo comprimento e, com cuidado, remova as sementes.
5. Pique bem a polpa das berinjelas.
6. Coloque as berinjelas picadas em uma frigideira, junte o alho, uma colher do suco de limão e sal.
7. Tampe e leve ao fogo médio para cozinhar por 20 a 25 minutos, mexendo de vez em quando.
8. Tire do fogo e deixe esfriar.
9. Acrescente o azeite, o suco de limão restante e a salsinha picada. Sirva a seguir.

Tempo de preparo

30 min

Rendimento

4 porções

Ingredientes

- 4 xícaras de lentilha cozida e escorrida
- 1 xícara de castanha-do-pará
- 2 colheres (sopa) de farinha de trigo
- 3 ovos
- Cheiro-verde
- Óleo para fritar
- Sal

Bife de Lentilha

1. Passe a lentilha e a castanha pela máquina de moer ou processador de alimentos.

2. Misture os demais ingredientes agregando-os bem.

3. Forme os bifes e frite em óleo quente.

4. Se preferir, leve ao forno depois de frio, cobertos com molho de tomate e mussarela ralada, para gratinar.

Tempo de preparo

30 min

Rendimento

10 porções

Ingredientes

- 1 xícara de ricota fresca peneirada
- 1/2 cebola média ralada
- 3 xícaras de batatas cozidas e amassadas
- 200 g de flocos de milho sem açúcar
- 1 ovo batido com meia xícara de leite
- 1 ovo
- Sal

Bolinho de Batata

1. Triture os flocos de milho.
2. Reserve. Faça uma mistura com a ricota, a cebola, o sal, o ovo e a batata.
3. Unte as mãos com margarina e molde os bolinhos.
4. Passe-os pelos flocos de milho, pelo ovo com leite e, novamente, pelos flocos de milho.
5. Asse-os em forno quente (200º), durante 15 minutos aproximadamente.

Tempo de preparo

30 min

Rendimento

4 porções

Ingredientes

- 8 a 10 tomates descascados e bem picados
- 1/2 maço de cheiro-verde
- 2 ovos batidos (clara e gema)
- 1/2 copo de azeite
- Sal a gosto
- 2 colheres de queijo ralado
- 1/2 cebola pequena ralada
- 1 colher (sopa) de fermento (não muito cheia)
- Farinha de trigo até dar o ponto de massa de bolo

Bolo de Tomate

1. Untar a forma com manteiga e assar por 20 minutos. O tomate pode ser substituído por rúcula, agrião, cenoura ou cebola.

Tempo de preparo

30 min

Rendimento

10 porções

Ingredientes

- 6 espigas de milho verde
- 1 xícara de leite de soja
- 3 colheres (sopa) de óleo
- 1 cebola ralada
- Cebolinha picada
- Sal

Bolo de Milho

1. Rale as espigas ou bata o milho debulhado no liquidificador.

2. Junte aos demais ingredientes, misturando ligeiramente.

3. Despeje a massa em forma refratária untada, e asse em forno quente até adquirir consistência.

Tempo de preparo

30 min

Rendimento

4 porções

Ingredientes

- Folhas grandes de repolho
- Arroz cozido (uma colher de sopa para cada charuto)
- Soja temperada
- Azeite de oliva
- Cebola branca
- Hortelã fresco
- 1 xícara de molho de tomate

Charutinho de Repolho

1. Ferva as folhas de repolho para amolecer, com cuidado para não desmancharem demais.

2. Misture em um recipiente o arroz, a soja temperada, o azeite, a cebola e a hortelã.

3. Recheie cada charuto, dobre as pontas como se fizesse um pacote e amarre com laços de repolho cru.

4. Leve ao forno médio em forma untada com azeite de oliva e cobertos com molho de tomate, por vinte minutos.

Tempo de preparo

30 min

Rendimento

10 porções

Ingredientes

- 200 g de cogumelos frescos
- Fatias de mussarela
- 1 ovo
- Farinha de rosca
- Óleo de soja
- Condimentos (cebola, orégano, salsinha)

Cogumelos à Parmegiana

1. Lavar e enxugar os cogumelos.
2. Passar no ovo batido, na farinha de rosca e fritar, deixando que fique bem dourado.
3. Arrumar em travessa, cobrir com fatias de mussarela e molho de tomate, cebola, orégano e salsinha. Servir quente.

Tempo de preparo

30 min

Rendimento

4 porções

Ingredientes

- 1 couve-flor (média)
- 3 xícaras de leite
- 2 gemas
- 2 colheres (sopa) de amido de milho
- 1 colher (sopa) de margarina
- 5 colheres (sopa) de queijo ralado
- 2 claras em neve
- 200 g de mussarela
- Sal

Couve-flor com Queijo

1. Corte a couve-flor em raminhos e cozinhe em pouca água e sal.

2. Reserve. À parte, misture o leite com as gemas e o amido de milho.

3. Junte a margarina e o sal.

4. Leve ao fogo, mexendo sempre, até engrossar.

5. Junte três colheres de sopa de queijo ralado, retire do fogo e misture bem.

6. Despeje metade desse creme em uma forma refratária untada.

7. Coloque a couve-flor e, em seguida, a mussarela entre os pedaços da couve-flor.

8. Espalhe o creme restante e cubra com as claras.

9. Polvilhe o queijo ralado e leve ao forno médio até dourar, cerca de 15 minutos. Sirva em seguida.

Tempo de preparo

30 min

Rendimento

10 porções

Ingredientes

- 1 maço de espinafre
- 3 colheres (sopa) de cebola picada
- 3 colheres (sopa) de margarina
- 3 colheres (sopa) de creme de leite
- 1 colher (chá) de molho de soja
- 2 ovos cozidos bem picados
- Sal a gosto

Espinafre com Ovos

1. Dê uma ligeira fervura nas folhas do espinafre, em pouca água e sal.

2. Escorra e pique bem fino.

3. Frite a cebola na margarina, junte o creme de leite, o molho de soja e uma pitada de sal.

4. Aqueça ao ponto de fervura. Despeje sobre o espinafre.

5. Junte a metade dos ovos picados. Mexa levemente.

6. Coloque em uma travessa e salpique com o ovo restante. Sirva em seguida.

Tempo de preparo

30 min

Rendimento

4 porções

Ingredientes

- 120 g de farinha de milho
- 60 g de brócolis, com talos e folhas
- 1/2 cebola
- 2 colheres (sopa) de margarina
- Sal a gosto

Farofa de Talos

1. Lave bem o brócolis.
2. Corte os talos e as folhas bem fininhos e separe-os.
3. Cozinhe as flores e reserve.
4. Em uma panela, doure a cebola com a margarina.
5. Acrescente os talos e as folhas e deixe refogar.
6. Junte as flores e depois a farinha, que não deve estar em flocos.
7. Desligue o fogo para a farinha não queimar e continue mexendo até a farofa ficar soltinha..

Tempo de preparo

30 min

Rendimento

10 porções

Ingredientes

- 800 g de feijão-soja
- 1 cebola pequena picada
- 2 colheres (sopa) de extrato de tomate
- Cebolinha
- 4 alhos grandes picados
- 1/2 xícara (chá) de azeite
- Sal a gosto

Feijão de Soja

1. Deixe o feijão-soja de molho durante a noite em água.
2. Coloque na panela de pressão por meia hora em fogo alto.
3. Jogue a água fora e coloque mais até cobrir o feijão.
4. Deixe por mais meia hora cozinhando sem pressão.
5. Enquanto isso, em outra panela, despeje o azeite e refogue o alho, a cebola, a salsinha e o molho de tomate.
6. Depois de pronto o refogado e o feijão, é só misturar e colocar sal a gosto.

Tempo de preparo

30 min

Rendimento

4 porções

Ingredientes

- 5 xícaras de berinjela picada
- 1/2 xícara de água
- 1 xícara de farinha de rosca
- 5 colheres (sopa) de farinha de trigo
- 1 1/2 cebolas raladas
- 2 dentes de alho picados
- 2 colheres (sopa) de salsa picada
- 1 ovo batido
- 2 colheres (sopa) de queijo ralado

Hambúrguer de Berinjela

1. Cozinhe a berinjela descascada e picada, com a água até ficar macia e conserve em fogo brando até secar a água.

2. Amasse bem e junte todos os ingredientes, e forme bolas como se fossem almôndegas, e achate-as, formando bifes.

3. Ponha-os em uma assadeira untada e leve ao forno quente. Se quiser, sirva com molho de tomate.

Tempo de preparo

30 min

Rendimento

10 porções

Ingredientes

- 2 xícaras de lentilha escorrida cozida e amassada
- 1 xícara de migalhas de pão integral
- 1/2 xícara de germe de trigo
- Sal a gosto
- 1/2 cebola ralada
- Farinha de trigo, óleo

Hambúrguer de Lentilha

1. Misture os primeiros cinco ingredientes.

2. Passe na farinha de trigo e frite os bifes.

OBS.: Você pode incrementar esta receita colocando mais temperos: cominho em grão, etc. Na falta de germe de trigo, substitua por aveia.

Tempo de preparo

30 min

Rendimento

8 porções

Ingredientes

- 1 pacote de espaguete
- 3 colheres (sopa) de manteiga ou margarina
- 2 cubinhos de caldo de legumes
- 2 colheres (sopa) de amido de milho
- 3 xícaras (chá) de leite
- 1/2 xícara (chá) de maionese
- 1 xícara (chá) de brócolis cozidos e picados
- 1/2 xícara (chá) de queijo prato ralado

Macarrão com Brócolis

1. Cozinhe o macarrão e escorra.
2. Derreta a manteiga ou margarina com os cubinhos de caldo de legumes amassando-os.
3. Junte o amido de milho e mexa bem.
4. Junte o leite aos poucos, mexendo sempre, e cozinhe até obter um molho grosso.
5. Retire do fogo e acrescente a maionese.
6. Coloque em uma forma refratária camadas alternadas do molho preparado, o macarrão e o brócolis.
7. Polvilhe o queijo ralado e leve ao forno moderado por uns 30 minutos.

Tempo de preparo

30 min

Rendimento

10 porções

Ingredientes

- 1 tablete de fermento biológico
- 2 xícaras de água
- 1 colher (sopa) de suco de limão
- 6 xícaras de farinha de trigo
- 1/2 xícara de azeitonas verdes ou pretas
- 1 colher (sopa) de orégano
- 1 pitada de sal

Pão de Azeitona

1. Dissolva o fermento na água e misture o suco de limão.

2. Em uma tigela grande coloque a farinha, as azeitonas, o sal e o orégano, misture bem e por fim acrescente o líquido.

3. Sove sobre uma pia ou mesa enfarinhada até obter uma massa lisa e elástica.

4. Divida a massa em dois pães achatados e coloque-os em assadeiras untadas.

5. Deixe crescer dentro do forno por pelo menos 1 hora e meia.

6. Asse os pães em forno pré-aquecido por 25 minutos ou até que estejam dourados. Espere esfriar antes de servir.

Tempo de preparo

120 min

Rendimento

4 porções

Ingredientes

- 500 g de triguilho
- 250 g de grão-de-bico
- 100 g de castanha-do-pará
- 4 batatas médias, cozidas
- 1 cebola grande picadinha
- 1/2 xícara de castanha-do-pará picada
- 1/2 xícara de palmito
- 1/2 xícara de tomates picados (sem casca)
- 2 colheres (sopa) de pimentão cortadinho
- 2 colheres (sopa) de óleo

Quibe Vegetariano

1. Coloque o grão-de-bico de molho durante 24 horas. Escorra.
2. Deixe o trigo de molho durante 2 horas. Esprema.
3. Passe tudo na máquina de moer e amasse bem com a mão.
4. Ponha metade dessa massa em um pirex untado e acrescente o seguinte recheio: Refogue a cebola no óleo; junte os tomates, o pimentão, o palmito e deixe cozinhar ligeiramente.
5. Retire do fogo e junte as castanhas.
6. Cubra esse recheio com a outra parte da massa que restou, regue com azeite de oliva e asse a seguir.

Tempo de preparo

30 min

Rendimento

10 porções

Ingredientes

- 1/2 xícara de uvas passas
- 1 xícara de pão torrado cortado em cubos
- 3 colheres (sopa) de azeite de oliva
- 500 g de folhas de espinafre
- 2 dentes de alho amassados
- Sal a gosto

Refogado Vegetariano

1. Deixe as passas em uma tigela com água fervente por 10 minutos e escorra.

2. Aqueça 2 colheres do azeite de oliva em uma panela e frite os cubos de torrada até que fiquem dourados.

3. Retire-os com uma escumadeira e reserve.

4. Aproveite o óleo que restou na panela, acrescente mais 1 colher de azeite, o alho e, finalmente, o espinafre.

5. Mexa por uns cinco minutos, até refogar a verdura.

6. Junte as uvas passas e tempere com um pouco de sal.

7. Cozinhe por mais um ou dois minutos, junte os cubos de torrada e sirva bem quente.

Tempo de preparo

30 min

Rendimento

4 porções

Ingredientes

- 4 cebolas médias
- 4 batatas-baroa
- Óleo ou azeite
- 1 xícara de aveia em flocos
- 2 colheres (sopa) de missô
- 1 litro de água

Sopa de Cebola

1. Corte as cebolas em gomos e as batatas em fatias diagonais.
2. Refogue bem, começando pela cebola.
3. Junte a água e a aveia. Mexa de vez em quando até ferver; abaixe o fogo e cozinhe durante meia hora. Cuidado que a aveia sobe e entorna.
4. Tempere com o missô e sirva.

Tempo de preparo

30 min

Rendimento

10 porções

Ingredientes

- 6 espigas grandes de milho
- 6 folhas de acelga
- 1 cebola média
- 2 colheres (sopa) de missô
- 1 litro de água

Sopa de Milho

1. Debulhe ou corte o milho e bata no liquidificador com a água.

2. Refogue a cebola até dourar; junte o milho batido e abaixe o fogo assim que ferver.

3. Corte as folhas de acelga à moda de couve e acrescente quase na hora de apagar o fogo.

4. Mexa, desligue, tempere com 2 colheres de sopa de missô.

Tempo de preparo

30 min

Rendimento

4 porções

Ingredientes

- 70 g de tofu
- 2 xícaras de pepino descascado e lavado
- 1 cebola descascada
- 1 tomate com a casca, bem lavado
- 2 colheres (sopa) de folhas de hortelã frescas
- Sal a gosto

Sopa Fria de Pepino

1. Cozinhe o tomate e a cebola em 1 ½ copo de água e sal.
2. Coe o caldo resultante.
3. Bata no liquidificador o pepino, o tofu e o caldo de tomates coado.
4. Acrescente as folhas de hortelã e bata por mais um segundo.
5. Leve à geladeira por no mínimo duas horas antes de servir.

Tempo de preparo

30 min

Rendimento

10 porções

Ingredientes

- 3 xícaras de batatas picadas
- 1 cebola picada
- 2 dentes de alho socados
- 1 litro de água
- Sal a gosto
- 1 tomate
- 1 xícara de couve picada fininha

Sopa Verde

1. Frite a cebola e o alho no óleo, junte o tomate; junte então as batatas e o litro de água, e cozinhe até amolecer.

2. Passe na peneira ou bata no liquidificador e leve de volta ao fogo; quando começar a ferver, junte a couve bem picadinha. Só deixe abrir fervura. Sirva quente.

Tempo de preparo

30 min

Rendimento

4 porções

Ingredientes

- 1 1/2 copo de leite
- 1 colher (sopa) cheia de farinha de trigo
- 1 colher (sopa) de margarina
- 1 pirex de queijo ralado
- 1 pirex de mussarela em pedaços
- 2 cenouras cozidas picadas
- 3 gemas
- 3 claras em neve

Suflê de Cenoura

1. Misture o leite e a farinha de trigo. Leve-os ao fogo, mexendo sem parar, até obter um mingau.

2. Tire o mingau do fogo e junte a margarina, o queijo ralado, a mussarela e as cenouras.

3. Deixe esfriar bem.

4. Junte as gemas, mexa bem e acrescente as claras em neve.

5. Mexa, despeje em um pirex e leve ao fogo durante meia hora, aproximadamente.

Tempo de preparo

30 min

Rendimento

10 porções

Ingredientes

- 1 kg de batatas
- 2 ovos
- 3 colheres (sopa) de queijo ralado
- 1 colher (chá) de manjericão bem picado
- 1 colher (sopa) de margarina
- Uma pitada de noz-moscada
- Farinha de rosca

Torta de Batata

1. Cozinhe as batatas, descasque-as e passe no espremedor.

2. Adicione as gemas e os demais ingredientes.

3. Misture bem. Bata as claras em neve e adicione à massa.

4. Unte uma forma de bolo, redonda, com furo central e polvilhe farinha de rosca.

5. Coloque a massa e asse em forno quente por 40 minutos, aproximadamente.

6. Desenforme sobre uma travessa redonda e recheie o centro com verduras refogadas e molho (palmito, ervilhas, champignon).

Tempo de preparo

30 min

Rendimento

4 porções

Ingredientes

- 2 1/2 xícara de trigo para quibe (sem inchar)
- 6 tomates picados
- Cheiro-verde ou hortelã a gosto
- 1/3 xícara de óleo
- 1 xícara de água
- 1 xícara de castanha-do-Pará ou de sua preferência
- 1 cebola
- 2 xícaras de farinha de trigo branca
- 1 xícara de farinha de rosca ou
- 2 xícaras de arroz integral cozido
- Sal a gosto

Assado de Triguilho

1. Deixar o trigo para quibe de molho em água quente por duas horas.
2. Em seguida, espremer em um pano.
3. No liquidificador, bater o óleo, a água, a castanha, o arroz ou a farinha de rosca, a cebola, o sal e a farinha branca.
4. Em uma vasilha, misturar a massa do liquidificador com o trigo para quibe, o tomate picado e o cheiro-verde ou hortelã. Mexer bem.
5. Colocar em uma forma untada e enfarinhada.
6. Assar por aproximadamente 20 minutos em fogo alto ou até dourar.

Tempo de preparo

30 min

Rendimento

10 porções

Vegetariana

Ingredientes

- 1/2 abacate médio
- 1/2 dente de alho
- Suco de 1/4 de limão (para não deixar escurecer)
- 1 colher (chá) de sal
- Água suficiente para dar a consistência

Maionese de Abacate

1. Bater tudo no liquidificador até obter um creme.

Tempo de preparo

15 min

Rendimento

4 porções

Ingredientes

- 1 1/2 xícaras de milho ralado
- 2 colheres (sopa) de óleo
- Sal a gosto
- 2 colheres (sopa) de farinha de trigo
- 1 dente de alho
- 1 1/2 xícaras de cenouras moídas
- 1 colher (sopa) de açúcar mascavo
- Canela a gosto
- 1 xícara de leite
- 2 ovos
- 2 colheres (sopa) de queijo ralado

Torta de Milho Verde e Cenoura

1. Misture o milho com a cenoura.
2. Derreta juntamente o óleo, o açúcar, o sal, a canela e a farinha, e quando estiver espumoso, ajunte o leite pouco a pouco, até que engrosse.
3. Acrescente as cenouras, o milho, o alho picado e os ovos bem batidos.
4. Coloque no forno em uma forma bem untada com azeite.

Tempo de preparo

50 min

Rendimento

6 porções

Ingredientes

- 1/2 xícara de amêndoas levemente tostadas
- 1/2 xícara de água fervendo
- 2 colheres de suco de limão
- 2 colheres de azeite
- 1 colher de páprica doce em pó
- 1 colher de manjerona
- 1 colher de sal com alho

Maionese de Amêndoas

1. Junte todos os ingredientes e bata no liquidificador por 1 minuto ou até obter um creme. A princípio, parece que não dará ponto de maionese, mas logo ficará homogêneo e o liquidificador terá dificuldade em bater o creme. Assim que isso acontecer, desligue o liquidificador e sirva a maionese a seguir.

Tempo de preparo

30 min

Rendimento

4 porções

Ingredientes

- 4 cenouras grandes raladas
- 2 colheres pequena de sal
- Suco de 1 limão grande
- Cheiro-verde a gosto
- 1 ou 2 dentes de alho
- 1/3 xícara de óleo ou azeite
- 1/3 xícara de água

Patê de Cenoura

1. Coloque todos os ingredientes no liquidificador e bata. Vai dar um pouquinho de trabalho para bater. Será preciso desligar de vez em quando e ajudar a mexer a mistura com a colher.

2. Bata até triturar bem a cenoura. Excelente com pão integral!

Tempo de preparo

30 min

Rendimento

10 porções

44 | Vegetariana

Ingredientes

- 1 xícara de palmito
- 1 xícara de tofu
- 3 colheres de azeite
- Sal a gosto

Catupiry Vegetal

1. Bata tudo no liquidificador até obter um creme homogêneo.

2. Acrescente um pouquinho de água, se necessário. A consistência deve ser firme.

Tempo de preparo

30 min

Rendimento

4 porções

Ingredientes

- Molho de Tomate
- 12 castanhas-do-Pará
- Abobrinha
- Azeitona
- Ervilha
- Pimentão
- Cheiro-verde
- Outros temperos de sua preferência
- Farinha de Milho (aquela em flocos)

Cuscuz Vegetariano

1. Faça um molho de tomate de sua preferência e acrescente os legumes picados (bem pequenos). Deixe cozinhar por alguns minutos.

2. Bata as castanhas-do-Pará no liquidificador com um copo de água. Em seguida, acrescente o molho e misture bem.

3. Acrescente a farinha de milho. Se gostar do cuscuz mais seco, coloque bastante farinha de milho e vice-versa.

Tempo de preparo

30 min

Rendimento

10 porções

Ingredientes

- 5 abobrinhas raladas (paulistinha, italiana ou caipira)
- 3 a 5 xícaras de farinha de aveia
- Sal a gosto
- 8 colheres de óleo
- Temperos (cebola, cheiro-verde, alho)

Hambúrguer de Aveia

1. Misture a abobrinha, o óleo, o sal e os temperos.

2. Acrescente a farinha de aveia aos poucos até dar o ponto de formar o hambúrguer. Para facilitar, coloque colheradas da massa em uma forma untada com óleo e modele com o garfo.

3. Asse em forno médio por aproximadamente 40 minutos ou até dourar.

Tempo de preparo

30 min

Rendimento

4 porções

Ingredientes

- 2 xícaras de grão-de-bico cozido
- 3 colheres de pasta de gergelim (tahine)
- Suco de um limão grande
- 3 dentes de alho (opcional)
- 4 colheres de azeite
- 1 colher (café) de sal temperado
- 1/2 colher (café) de cominho
- 1 colher (sopa) de cebola em pó

Patê de Grão-de-Bico

1. Bata todos os ingredientes no liquidificador até obter um creme.

Tempo de preparo

30 min

Rendimento

10 porções

Ingredientes

- 2 xícaras de farinha de trigo branca
- 1 xícara de farinha de trigo integral
- 1 colher (chá) de sal
- 1 colher (sopa) de fermento em pó
- 1/2 xícara de óleo
- 2 xícaras de água
- 3 tomates maduros picados
- 10 azeitonas sem caroço picadas
- 1 cebola picada
- Salsa e cebolinha a gosto
- 2 colheres (sopa) de cebola em pó

Bolo de Tomate e Cebola

1. Em uma tigela, peneire as farinhas e acrescente o sal, o fermento e a cebola em pó [opcional].
2. Misture bem.
3. Junte a água e o óleo. Misture.
4. Acrescente o tomate, a azeitona, a cebola e os temperos. Misture.
5. Unte uma forma e despeje a massa.
6. Leve para assar em forno pré-aquecido moderado por 25 minutos ou até dourar.

Tempo de preparo

30 min

Rendimento

4 porções

Ingredientes

- 1 1/2 xícara de lentilha
- 6 colheres (sopa) de quinoa
- 1 pimentão vermelho cortado em tiras finas
- 1 cebola média picada
- Legumes bem picadinhos
- Temperos
- Sal a gosto

Sopa de Lentilha e Quinoa

1. Colocar todos os ingredientes na panela de pressão. Assim que começar a fervura, deixar cozinhar por no máximo 10 minutos. O ideal é que a lentilha não amoleça demais.

Tempo de preparo

30 min

Rendimento

10 porções

Ingredientes

- 4 berinjelas cortadas em cubos
- 2 pimentões vermelhos cortados em cubos
- 2 pimentões verdes cortados em cubos
- 2 cebolas grandes cortadas em cubos
- 1 dente de alho esmagado
- 2 colheres (sopa) de azeitonas pretas e verdes picadas
- 1/2 xícara de azeite
- 1 folha de louro
- Sal e orégano a gosto
- Suco de 2 limões
- Cheiro-verde picado a gosto

Berinjela ao Forno

1. Refogue o alho e a cebola em um pouco de água.
2. Coloque a berinjela e os pimentões em um pirex grande.
3. Acrescente o alho e a cebola refogados, as azeitonas, o sal e o orégano.
4. Junte a folha de louro e regue tudo com azeite.
5. Misture tudo muito bem.
6. Asse em forno quente a 200º C, mexendo algumas vezes. A berinjela estará pronta quando toda a água que se formar tiver evaporado (cerca de 40 minutos).

Tempo de preparo

30 min

Rendimento

4 porções

Ingredientes

- 3 xícaras de farinha de trigo integral
- 1 xícara de farinha de trigo branca
- 3 colheres (sopa) de óleo de girassol ou canola
- Água morna
- Pitada de sal

Recheio

- 2 abobrinhas médias
- 1 cebola grande
- 2 dentes de alho
- Salsinha e cebolinha a gosto
- Sal a gosto

Quiche de Abobrinha

Massa: 1. Misture todos os ingredientes secos.

2. Junte o óleo e a água aos poucos, amassando até a massa desgrudar da mão.

Recheio: 1. Em uma panela refogue a abobrinha cortada em cubinhos junto com a cebola e o alho.

2. Depois de alguns minutos refogando acrescente a salsinha, a cebolinha e o sal.

Montagem: 1. Abra a massa e coloque em um refratário de vidro untado com óleo.

2. Coloque o recheio.

3. Faça tiras de massa e enfeite a quiche.

4. Leve ao forno médio por 30 minutos, ou até a massa ficar dourada.

Tempo de preparo

30 min

Rendimento

10 porções

Ingredientes

- 1 xícara de água
- 1 colher (sopa) de manteiga de tofu
- 1 colher (chá) de sal
- 1 xícara de farinha de trigo
- 500 g de Tofu
- Especiarias a gosto
- 2 colheres (sopa) de maisena
- 2 xícaras de água
- 3/4 xícara de pão ralado
- Óleo

Rissois de Tofu

1. Ferva a água, a manteiga e o sal.
2. Baixe o fogo e junte a farinha de uma só vez.
3. Mexa rapidamente ate formar uma bola.
4. Retire do fogo e coloque a massa em um prato, cubra com um pano úmido e coloque algumas horas na geladeira.
5. Depois de gelada, abra a massa em uma superfície enfarinhada e corte-a em rodelas, do tamanho de um pires.
6. Recheie com tofu temperado com especiarias e feche, pressionando bem as beiradas.
7. Prepare um creme com um pouco de maisena e água e mexa até obter um creme ralo.
8. Passe os rissois nesse creme e em seguida no pão ralado.
9. Frite em óleo bem quente.

Tempo de preparo

30 min

Rendimento

4 porções

Ingredientes

- 2 maços de espinafre
- 2 pirex (chá) de aveia
- 1 colher (sopa) de farinha de glúten
- Pão integral ralado
- Noz-moscada a gosto
- Sal a gosto

Croquetes de Espinafre

1. Durante 5 minutos cozinhe o espinafre no vapor.

2. Em seguida, mecha até que se torne num purê.

3. Acrescente a aveia, a farinha de glúten, a noz-moscada e sal a gosto.

4. Misture bem os ingredientes formando uma pasta uniforme.

5. Molde manualmente os croquetes passando-os depois pelo pão ralado.

6. Leve os croquetes ao forno já pré-aquecido até que estejam dourados.

Tempo de preparo

30 min

Rendimento

10 porções

Ingredientes

- 1 pirex de aveia crua
- 1 pirex de cenoura ralada
- 1/2 pirex de pão ralado
- 2 pirex de farinha de trigo
- Cheiro-verde picado a gosto
- Manjericão
- Sal

Almôndegas de Cenoura

1. Misture bem todos os ingredientes e faça pequenas almôndegas.

2. Asse no forno, em forma untada, durante alguns minutos.

3. Depois de assadas, cozinhe em molho ralo de tomate durante 15 minutos.

Tempo de preparo

30 min

Rendimento

4 porções

Ingredientes

- Cascas de banana
- Temperos para refogar
- Cebola e alho (opcional)
- Azeite para refogar
- Farinha de milho ou mandioca
- Sal a gosto

Farofa de Casca de Banana

1. Refogue em óleo ou azeite as cebolas até ficarem douradinhas.

2. Pode refogar o alho juntamente com outro tempero que quiser, coloque sal a gosto.

3. Coloque as cascas de banana cortadas em cubo e deixe fritar um pouco.

4. Adicione a farinha e vá mexendo até ficarem uniforme as cascas com a farinha.

Tempo de preparo

30 min

Rendimento

10 porções

Ingredientes

- 675 g de batatas, cortadas em cubos
- 1 colher (sopa) de azeite
- 2 dentes de alho, esmagados
- 1 pimentão verde, sem sementes e cortado em cubos
- 1 pimentão amarelo, sem sementes e cortado em cubos
- 3 tomates, cortados em cubos
- 75 g de cogumelos brancos, cortados ao meio
- 1 colher (sopa) de molho inglês
- 2 colheres (sopa) de manjericão, picado
- Sal e pimenta
- Raminhos de manjericão, para guarnecer
- Pão crocante e quente, para servir

Fricassé de Legumes

1. Cozinhe as batatas em uma panela com água a ferver com sal durante 7-8 min.

2. Escorra bem e reserve.

3. Aqueça o azeite em uma frigideira de fundo espesso.

4. Junte as batatas e cozinhe, mexendo constantemente, durante 8-10 minutos, até ficarem douradas.

5. Adicione o alho e os pimentões e cozinhe, mexendo, frequentemente, durante 2-3 min.

6. Acrescente o tomate e os cogumelos e cozinhe, mexendo frequentemente, durante 5-6 minutos.

7. Adicione o molho inglês e o manjericão e tempere a gosto com sal e pimenta.

8. Transfira para uma travessa de servir aquecida, guarnecendo depois com ramos de manjericão e sirva com pão.

Tempo de preparo

30 min

Rendimento

4 porções

Ingredientes

- 1 disco de massa de pizza semi pronta
- 1 colher (chá) de azeite
- 115 g de creme de ricota
- 1/4 xícara (20 g) de queijo parmesão ralado
- 200 g de espinafre picado
- 400 g de corações de alcachofra em conserva
- 2 dentes de alho amassados
- Sal e pimenta a gosto
- 230 g de queijo italiano ralado
- 2 tomates em fatias finas

Pizza de Espinafre

1. Pré-aqueça o forno em temperatura média (180ºC).

2. Unte ligeiramente uma forma de pizza, coloque a massa e espalhe um pouco de azeite.

3. Misture a ricota, parmesão, espinafre, alcachofra, alho, sal e pimenta em uma tigela.

4. Espalhe sobre a massa, polvilhe o queijo italiano e distribua as rodelas de tomate.

5. Leve ao forno e asse até dourar e o queijo derreter, cerca de 20 minutos. Sirva em seguida.

Tempo de preparo

30 min

Rendimento

10 porções

Ingredientes

- 4 tomates grandes cortados em rodelas grossas
- 2 colheres (sopa) de queijo ralado
- 8 colheres (sopa) de pão ralado (ou farinha de rosca)
- 1 dente de alho picado
- 2 ramos de salsinha picados
- Sal e pimenta-do-reino a gosto
- 1/2 colher (chá) de orégano seco
- 1 colher (sopa) de azeite

Tomate Assado

1. Pré-aqueça o forno a 200ºC.
2. Unte levemente uma assadeira.
3. Coloque as rodelas de tomate na assadeira.
4. Misture o queijo, pão, alho, salsinha, orégano e tempere com sal e pimenta.
5. Salpique por cima dos tomates e regue com o azeite.
6. Leve ao forno por 20 minutos, ou até o queijo dourar.

Tempo de preparo

30 min

Rendimento

4 porções

Ingredientes

- 3 abobrinhas
- 3 colheres (sopa) de manteiga amolecida
- 2 dentes de alho picados
- 1 colher (sopa) de salsinha picada
- 1/2 xícara de queijo parmesão ralado

Abobrinha na Grelha

1. Corte cada abobrinha ao meio transversalmente e depois corte cada pedaço em 3 no sentido longitudinal. Você irá fazer 6 fatias de cada abobrinha.

2. Misture a manteiga, alho e salsinha e passe por todos os lados das abobrinhas.

3. Salpique um lado de cada abobrinha com queijo e leve à grelha com o lado do queijo para cima.

4. Asse por uns 8 minutos, até a abobrinha ficar macia e grelhada e o queijo derreter.

Tempo de preparo

30 min

Rendimento

10 porções

Ingredientes

- 700 g de brócolis
- 1/3 xícara de manteiga
- 1 colher (sopa) de açúcar mascavo
- 3 colheres (sopa) de molho de soja (shoyu)
- 2 colheres (sopa) de vinagre de vinho branco
- 1 pitada de pimenta-do-reino
- 2 dentes de alho picados
- 1/3 xícara de castanhas de caju picadas

Brócolis ao Molho

1. Cozinhe o brócolis em água até ficar macio, mas não exageradamente.

2. Escorra e reserve.

3. Derreta a manteiga em uma frigideira e misture o açúcar mascavo, molho de soja, vinagre, pimenta e alho.

4. Deixe ferver, retire do fogo, misture a castanha e sirva imediatamente sobre o brócolis.

Tempo de preparo

30 min

Rendimento

4 porções

Ingredientes

- 12 tomates maduros
- 5 ovos cozidos
- 1 xícara de migalhas de pão
- Um pouco de salsa
- Óleo

Tomates Recheados

1. Lave e enxugue os tomates. Corte a parte superior. Esvazie-os com uma colherinha, deixando a polpa inteira; salgar o interior dos tomates, comprimindo-os para que soltem o suco.

2. Coloque o pão de molho no leite. Tire as sementes da polpa central, e misture com as migalhas de pão, juntamente com um pouco de salsa.

3. Pique a mistura.

4. Passe os ovos descascados por uma peneira, ajuntando às migalhas e misturando bem.

5. Em fogo baixo, leve a mistura, que deve ser mexida por uns 5 minutos.

6. Tire do fogo e deixe esfriar. Recheie os tomates, coloque-os em uma travessa refratária untada.

7. Leve ao forno brando por 1/2 hora, cuidando para que os tomates não fiquem escuros em cima.

Tempo de preparo

50 min

Rendimento

5 porções

62 | Vegetariana

Equivalência de Pesos e Medidas

1. Afofe e peneire ingredientes secos como farinhas, açúcar e outros, antes de serem medidos. Coloque-os cuidadosamente no recipiente de medida, sem serem comprimidos ou sacudidos.

2. Coloque o recipiente para medir ingredientes líquidos sobre uma superfície reta e verifique o nível na altura da vista.

3. Retire da geladeira com antecedência as gorduras sólidas como manteigas, margarinas, banhas e outras, para que sejam medidas na temperatura ambiente. Coloque no recipiente de medida, apertando para que não fiquem buracos vazios ou bolhas de ar.

Como medir Líquidos

Coloque o recipiente graduado, ou a xícara em cima da mesa e encha com o líquido até a marca desejada. Se usar colher, encha até a borda sem derramar.

Como medir Ingredientes Secos

Encha a xícara ou o recipiente com a farinha, o açúcar, chocolate em pó, etc… e não comprima, nem sacuda. Apenas passe uma faca por cima para tirar o excesso.

Como medir Gorduras Sólidas

Para medir manteiga, margarina, gordura vegetal na xícara, encha toda a xícara comprimindo com a ajuda de uma colher, depois passe uma faca por cima para tirar o excesso.

Pesos e Medidas		
1 litro	4 copos americanos	1000 ml
1 xícara	16 colheres (sopa)	240 ml
1 colher (sopa)	3 colheres (chá)	15 ml
1 colher (chá)	1/3 colher (sopa)	5 ml

Ingredientes (1 xícara de chá)	
Açúcar	160 g
Araruta	150 g
Arroz cru	210 g
Amêndoas, nozes e castanhas	140 g
Aveia	80 g
Banha	230 g
Chocolate em pó	90 g
Coco seco ralado	80 g
Farinha de mandioca	150 g
Farinha de rosca	80 g
Farinha de trigo	120 g
Fubá	120 g
Maisena	150 g
Manteiga	230 g
Mel	300 g
Polvilho	150 g
Queijo ralado	80 g
Uva Passa	140 g

Copos, xícaras e ml	
1 xícara	240 ml
1 copo de requeijão	240 ml
1 copo duplo	240 ml

Equivalência de Pesos e Medidas

Equivalências (g)	
1 litro	equivale a 6 xícaras (chá) ou 4 copos
1 garrafa	equivale a 3 e 1/2 xícaras (chá) ou 2 e 1/2 copos
1 copo de água comum	equivale a 250 g
1 prato fundo nivelado	equivale a 200 g
1 xícara (chá) de líquido	equivale a 150 g ou 20 colheres (sopa)
1 xícara (chá) rasa de açúcar	equivale a 120 g
1/4 xícara (chá) de líquido	equivale a 5 colheres (sopa)
1/3 xícara (chá) de líquido	equivale a 6 colheres (sopa)
1/2 xícara (chá) de líquido	equivale a 10 colheres (sopa)
2/3 xícara (chá) de líquido	equivale a 12 colheres (sopa)
3/4 xícara (chá) de líquido	equivale a 15 colheres (sopa)
1 cálice	equivale a 9 colheres (sopa) de líquido
1 quilo	equivale a 5 e 3/4 xícaras (chá)
250 g de manteiga	equivale a 1 e 1/4 xícara (chá)
1/4 de xícara (chá) de manteiga ou margarina	equivale a 4 colheres (sopa)
1 xícara (chá) de amendoim torrado	equivale a 140 g
1 xícara (chá) de farinha de rosca	equivale a 150 g
1 colher (sopa) de farinha de rosca	equivale a 11 g
1 xícara (chá) de coco ralado seco	equivale a 75 g
1 xícara (chá) de óleo	equivale a 170 g
1 colher (sopa) de óleo	equivale a 10 g
1 colher (sopa) de sal	equivale a 13 g
1 colher (chá) de sal	equivale a 5 g
1 colher (sopa) de fermento em pó	equivale a 12 g
1 colher de chá de fermento em pó	equivale a 5 g
1 xícara (chá) de maisena	equivale a 120 g
1 colher (sopa) de maisena	equivale a 8 g
1 colher (chá) de maisena	equivale a 2 g
1 pitada é o tanto que se pode segurar entre as pontas de dois dedos ou 1/8 de colher	

Líquidos (leite, água, óleo, bebidas alcoólicas, café etc.) (ml)	
1 xícara	240 ml
1/2 xícara	120 ml
1/3 xícara	80 ml
1/4 xícara	60 ml
1 colher (sopa)	15 ml
1 colher (chá)	5 ml

Chocolate em pó (cacau em pó)	
1 xícara	90 g
1/2 xícara	45 g
1/3 xícara	30 g
1/4 xícara	20 g
1 colher (sopa)	6 g

Manteiga (margarina e gordura vegetal)	
1 xícara	200 g
1/2 xícara	100 g
1/3 xícara	54 g
1/4 xícara	16 g
1 colher (sopa)	20 g

Açúcar	
1 xícara	180 g
1/2 xícara	90 g
1/3 xícara	60 g
1/4 xícara	45 g
1 colher (sopa)	12 g
1 colher (chá)	4 g

Farinha de trigo	
1 xícara	120 g
1/2 xícara	60 g
1/3 xícara	40 g
1/4 xícara	30 g
1 colher (sopa)	10 g